GEORGE W. BUSH

Gobernador de Texas y Presidente de los Estados Unidos

Patrice Sherman

Créditos de publicación

Dona Herweck Rice, *Jefa de redacción*

Conni Medina, *Directora editorial*

Lee Aucoin, *Directora creativa*

Marcus McArthur, *Ph.D, Editor educativo asociado*

Neri García, *Diseñador principal*

Stephanie Reid, *Editora de fotografía*

Rachelle Cracchiolo, *M.S.Ed., Editora comercial*

Créditos de imágenes:

Tapa, pág. 1 retrato de la Casa Blanca; pág. 4 REUTERS/
Newscom; pág. 5 Associated Press; pág. 6 Museo y
Biblioteca Presidencial George Bush; pág. 7 CNP/
Newscom; pág. 7 (lateral) Unimedia International/
Newscom; pág. 8 Museo y Biblioteca Presidencial
George Bush; pág. 9 (arriba) EPA/Newscom; pág. 9
(abajo) Museo y Biblioteca Presidencial George Bush;
pág. 10 (izquierda) Museo y Biblioteca Presidencial
George Bush; pág. 10 (derecha) Jfg284/Wikimedia
(dominio público); pág. 11 UPI/Newscom; pág. 12
(derecha), 13, 14, 15 Museo y Biblioteca Presidencial
George Bush; pág. 14 (lateral) La Casa Blanca; pág.
16 Corbis; pág. 17 Newscom; pág. 18 REUTERS/
Newscom; pág. 19 Newscom; pág. 20, 21, 22 REUTERS/
Newscom; pág. 23 (izquierda) AFP/Newscom, pág. 23
(derecha) Biblioteca Presidencial George W. Bush; pág.
24 REUTERS/Newscom; pág. 24–25 AFP/Newscom; pág.
25 Wikimedia; pág. 26 Getty Images; pág. 27 (arriba)
EPA/Newscom; pág. 27 (abajo) REUTERS/Newscom;
pág. 28 (izquierda) MCT/Newscom; pág. 28 (derecha)
REUTERS/Newscom; pág. 29 EPA/Newscom; Todas las
demás imágenes de Shutterstock.

Teacher Created Materials

5301 Oceanus Drive

Huntington Beach, CA 92649-1030

http://www.tcmpub.com

ISBN 978-1-4333-7221-6

© 2013 Teacher Created Materials, Inc.

Tabla de contenido

Y el ganador es...

Ocurrió la mañana del 12 de diciembre del 2000. Los estadounidenses no sabían quién sería su próximo presidente. Las elecciones habían tenido lugar hacía casi un mes. ¡Pero todavía se estaban contando los votos!

Todas las miradas se dirigían hacia Florida. George W. Bush parecía haber ganado en Florida. Tenía alrededor de 2,000 votos más que su **oponente**, Al Gore. Pero cuando hay tan poco **margen**, la ley estatal requiere un recuento. Luego del recuento, Bush ganaba por solo 537 votos. Gore pidió que los votos se contaran otra vez.

Funcionarios de Florida estudian una papeleta electoral mientras vuelven a contar los votos.

George W. Bush

Los Chads colgantes

Un *"chad"* es un trocito redondo de papel que el votante ha desprendido para retirarlo de la papeleta electoral. Durante el recuento de los votos del año 2000 los funcionarios electorales de Florida vieron que algunos trozos de papel no habían sido retirados completamente de la papeleta electoral. Estos votos no se contaron. Estos trozos de papel parcialmente retirados se conocieron como los *"chads* colgantes".

Inconstitucional

Cuando se dice que una ley es inconstitucional, esto significa que dicha ley está en contra de la Constitución de Estados Unidos. La Constitución es la ley suprema de la nación. Si una ley es inconstitucional, entonces se rechaza o cancela.

periódicos estadounidenses del día siguiente a la emisión de los resultados finales de la elección

Esta vez, la Corte Suprema de Estados Unidos intervino. La Corte declaró que un recuento sería inconstitucional. Finalmente, se declaró a Bush 43.° presidente de Estados Unidos.

Niñez en Texas
La vida en Midland

George Walker Bush nació el 6 de julio de 1946, en New Haven, Connecticut. Su madre, Bárbara, estaba entusiasmada por tener su primer hijo. Luego, tendría cinco niños más. El padre de Bush, George Herbert Walker Bush, se desempeñaría más tarde como vicepresidente y presidente de Estados Unidos.

La vida en Midland, Texas, era buena para el joven Bush. En la década de 1950 los niños tenían mucha libertad. Bush podía conducir su bicicleta a cualquier parte que quisiera. Él y sus amigos se unieron a la tropa local de Cub Scout. Cuando querían juntar dinero para **caridad**, vendían dulces de puerta en puerta.

George H. W. y
Bárbara Bush con
George W.

Bush en su uniforme
de Cub Scout

Bush en su uniforme de las
ligas menores de béisbol

Un modelo difícil de seguir

George H. W. Bush fue el 41.º presidente de Estados Unidos. Antes de eso, había sido vicepresidente durante el mandato de Ronald Reagan durante ocho años. Durante la Segunda Guerra Mundial, voló como piloto en 58 misiones exitosas para la marina de Estados Unidos. En 2011 recibió la Medalla de la Libertad, la condecoración más alta que puede recibir un ciudadano estadounidense.

Un legado de líderes

El padre de Bush no fue el primer Bush en desempeñar un cargo político. El abuelo de Bush, Prescott Bush, fue senador de Estados Unidos en Connecticut. Estaba muy involucrado en los temas sociales.

El pasatiempo favorito de Bush era jugar al béisbol. Cuando era niño, jugaba al béisbol en las ligas menores. Luego siguió jugando al béisbol en la universidad. ¡Más tarde, en 1989, se convertiría en el dueño del equipo de béisbol de los Texas Rangers!

Prescott y George H. W. Bush

Otro aspecto de la vida

La niñez de Bush no siempre fue feliz. En 1953 su hermana Robin, de tres años de edad, se enfermó de cáncer. Sus padres la llevaron a Nueva York para que recibiera el mejor tratamiento. Bush tenía siete años en aquel momento. Con frecuencia se quedaba con amigos y no podía ver a sus padres muy seguido durante esa época.

Robin murió unos meses después. Fue un momento triste y solitario para la familia. Bush notó la tristeza de su madre. Trataba de alegrarla. Solía contarle sus chistes favoritos.

la familia Bush, 1956

Bush y su madre compartían el mismo sentido del humor y el mismo temperamento irascible. Ambos decían lo que pensaban. Eran muy unidos. Su madre era la *Den Mother* (supervisora) de su tropa de *Cub Scouts*. También contaba los puntos en los juegos de béisbol de las ligas menores donde jugaba Bush. Y siempre alentaba a su hijo a que diera lo mejor de sí.

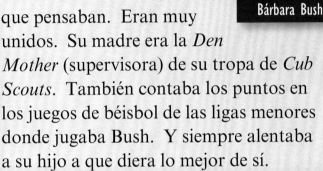

Bárbara Bush

Bush a los 9 años con sus padres, 1955

La Primera Dama de la alfabetización

Bárbara Bush fue la primera dama de Estados Unidos desde 1989 hasta 1993. Utilizó su posición para promover la alfabetización (o capacidad de leer). En 1990 publicó *El libro de Millie*, una historia acerca del perro de la familia Bush, Millie, y sus cachorritos. Muchas escuelas en Texas llevan el nombre de esta ex primera dama en su honor.

El otro Bush

Bush no fue el único en seguir a su padre en la política. Su hermano menor, Joseph, o Jeb para abreviar, se desempeñó como gobernador de Florida desde 1999 hasta el 2007.

Bush parado detrás de su familia en Houston, Texas.

la Academia Phillips Andover

Un mundo más grande

En 1959 la familia Bush se mudó a Houston, la ciudad más grande de Texas. Bush extrañaba la pequeña ciudad de Midland. Houston era enorme. Pero Bush pronto se acostumbró a su nueva escuela. Se hizo de amigos y comenzó a jugar al golf, un juego que seguiría jugando por el resto de su vida.

Dos años más tarde, Bush enfrentó un cambio mucho más grande. Él asistió a la escuela secundaria en la Academia Phillips Andover en Massachusetts. Tanto su padre como su abuelo habían asistido allí. Andover era muy formal. Se esperaba que los estudiantes usaran saco y corbata en el comedor. A Bush no le gustaba vestirse elegantemente. Con frecuencia se presentaba a cenar vistiendo zapatillas deportivas y una camisa arrugada.

Bush tuvo que esforzarse mucho para aprobar el año. Era un desafío, pero él no se rendía fácilmente. Jugaba al béisbol y organizó la liga de *stickball* de la escuela. Luego de graduarse en 1964 fue a la Universidad de Yale. Su padre también había ido a esa universidad.

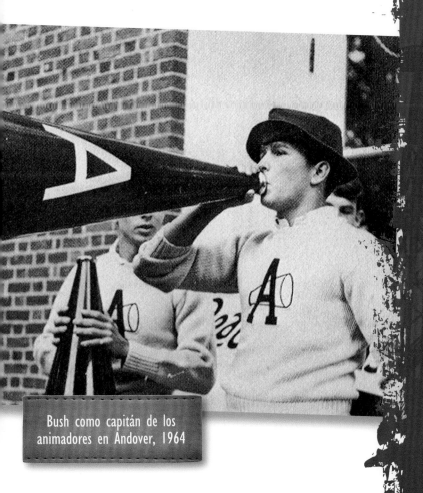

Bush como capitán de los animadores en Andover, 1964

JFK

John F. Kennedy se convirtió en el 35.º presidente en 1961. Este fue el mismo año en el que Bush ingresó en Andover. Kennedy fue **asesinado** el 22 de noviembre de 1963. Lyndon B. Johnson, el vicepresidente y nativo de Texas, se convirtió en el siguiente presidente del país.

El cambio llega a Texas

En la década de 1960, mientras Bush estaba estudiando fuera del estado, Texas experimentó varios cambios sociales. Al igual que el resto del país, Texas presenció la lucha por los derechos civiles durante estos años. Los afroamericanos protestaban en contra de las leyes injustas para obtener igualdad de derechos.

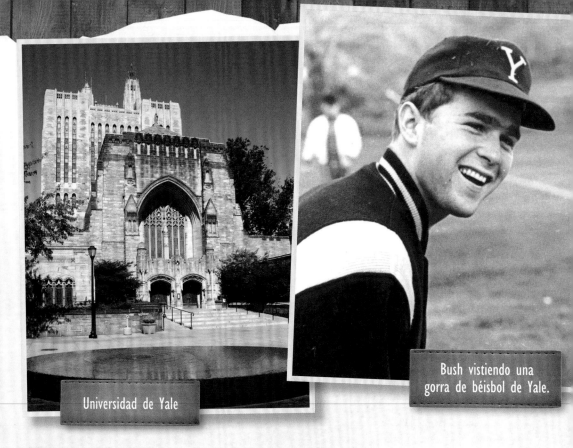

Universidad de Yale

Bush vistiendo una gorra de béisbol de Yale.

Encontrar su propio modo de actuar
Los años en la universidad

Al igual que Phillips Andover, Yale era una tradición familiar. El padre de Bush, su abuelo y la mayoría de sus tíos habían ido allí. Bush no quería ir allí. Pero cuando ingresó su mejor amigo ambos decidieron ser compañeros de cuarto.

Bush no siempre fue el mejor estudiante. Pero disfrutaba de sus clases en Yale. Se especializó en Historia. Una de sus materias favoritas era la historia de la Unión Soviética. También se unió a muchos grupos. Un grupo se llamaba *Skull and Bones*. Esta era una de las sociedades secretas famosas en Yale.

Bush también disfrutaba de su clase de oratoria en Yale. Usaría estas habilidades más tarde en su carrera profesional.

Luego de graduarse en 1968 Bush intentó muchas profesiones. Había seguido la tradición familiar en cuanto a su formación educativa. Ahora, Bush quería encontrar su propio camino en la vida. Trabajó para una empresa agrícola en Texas. Luego prestó servicios en la **Guardia Nacional**.

Bush sube los escalones de un avión de caza en 1968 mientras estaba en la Guardia Nacional.

La Unión Soviética

Bajo el régimen del **comunismo** todas las propiedades pertenecían al estado. Los individuos tenían poca libertad para hablar o rendir culto a quien quisieran. La Unión Soviética era un estado comunista que se formó en Rusia en 1922. En 1991 la Unión Soviética llegó a su fin. Ya no era un país comunista. Se volvió a llamar Rusia.

Entrar a la tumba

Los *Skull and Bones* (Calavera y Huesos) tienen sus reuniones secretas en un misterioso edificio llamado la Tumba. Los miembros se llaman *"Bonesmen"* (hombres de huesos) y solo pueden pertenecer si han sido invitados o "tocados". Yale se hizo una institución mixta y comenzó a educar a hombres y mujeres en 1969. Pero las estudiantes mujeres no fueron "tocadas" o invitadas a formar parte del grupo hasta 1992.

Ronald Reagan

Los años de Reagan

El padre de Bush fue vicepresidente bajo el mandato de Ronald Reagan. Reagan se desempeñó como presidente desde 1981 hasta 1989. Creía fuertemente en la libertad y en la democracia. En 1987 pidió a la Unión Soviética que terminara con el comunismo y que derribara el muro de Berlín.

Siempre una maestra

Laura Welch era bibliotecaria y maestra de escuela primaria antes de casarse con Bush. Luego de que Bush se convirtiera en presidente, ella viajaba por el mundo para promocionar la importancia de la educación de las mujeres y las niñas.

Establecerse

Bush obtuvo un título de **maestría** en la Escuela de Negocios de Harvard en 1975. Regresó a Midland, Texas, y comenzó a trabajar para una compañía petrolera. En 1977, un amigo le presentó a Laura Welch. Ella era una bibliotecaria que trabajaba en Austin.

George y Laura el día de su casamiento.

Aunque tanto George como Laura habían crecido en Midland, nunca se habían conocido. Él era sociable y disfrutaba ir a las fiestas. Ella era callada y disfrutaba de la lectura. Unos pocos meses más tarde se casaron. En 1981 Laura dio a luz a dos gemelas, Jenna y Bárbara.

En 1986, a la edad de 40, Bush tuvo un **despertar espiritual**. Había tenido una conversación profunda con un famoso ministro cristiano llamado Billy Graham. Esta charla inspiró a Bush para comenzar a tomar más en serio su fe y su vida. Sentía que su nuevo estilo de vida lo hacía mejor esposo y padre. Este fue un momento decisivo en su vida.

El virus de la política
De tal palo, tal astilla

Bush trabajó en las **campañas** presidenciales de su padre en 1988 y 1992. A Bush le gustaba la política. Pero todavía no se consideraba a sí mismo un **político**. Su padre era el político de la familia. El padre de Bush fue vicepresidente durante ocho años. Luego fue presidente por cuatro años. Pero cuando su padre perdió contra Bill Clinton en 1992, Bush cambió de idea. Su padre había decidido vivir una vida privada. Bush sintió que ahora podía entrar en la política bajo sus propios términos. Finalmente, Bush se contagió con el virus de la política.

George H. W. Bush con su familia durante la elección presidencial de 1992

En 1994 Bush presentó su candidatura para gobernador de Texas. Su oponente era Anne Richards, una demócrata. Bush ganó por un amplio margen. Una de sus primeras acciones como gobernador fue firmar el proyecto de ley que permitía a los texanos portar armas.

Las políticas de Bush eran moderadas (o no extremistas). Presentaban un equilibrio entre las políticas republicanas y las demócratas. Bush fue reelecto en 1998. Se desempeñó como gobernador de Texas durante dos mandatos seguidos. Fue el primer texano en lograr esto.

El derecho a portar armas

La segunda **enmienda** de la Constitución de Estados Unidos, en la Declaración de Derechos, da a los ciudadanos el "derecho de poseer y portar armas". Las personas interpretan esto de formas muy diferentes. Bush creía que su proyecto de ley protegería el derecho constitucional de los texanos a portar armas.

El gobernador Bush

Cuando Bush presentó su candidatura para gobernador de Texas prometió que mejoraría la educación, la asistencia social y las leyes de Texas. La asistencia social significa dar dinero y otras cosas a los necesitados. Mientras desempeñaba su cargo, Bush trabajó con los demócratas para aprobar leyes que generaran cambios en estas áreas. También redujo los impuestos, que es el dinero que los texanos tienen que dar al gobierno.

La familia Bush celebra luego de la elección de gobernador de Texas de 1998.

Candidatura para presidente

En 1999 Bush decidió presentarse como candidato para la presidencia. Bush eligió a Dick Cheney como su compañero. Esto significaba que Cheney sería vicepresidente si Bush ganaba. Cheney había sido el **secretario de defensa** bajo el mandato del padre de Bush. Bush y Cheney eran republicanos. Ellos enfrentaron a los demócratas Al Gore y Joe Lieberman.

Bush y Cheney hacen campaña junto a sus esposas.

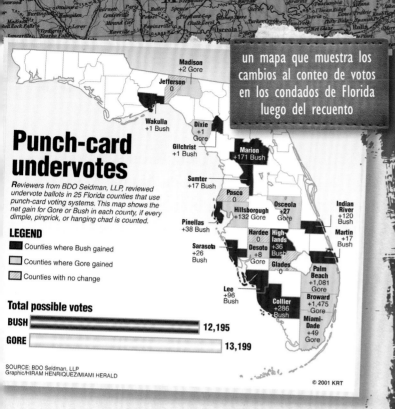

un mapa que muestra los cambios al conteo de votos en los condados de Florida luego del recuento

Punch-card undervotes

Reviewers from BDO Seidman, LLP, reviewed undervote ballots in 25 Florida counties that use punch-card voting systems. This map shows the net gain for Gore or Bush in each county, if every dimple, pinprick, or hanging chad is counted.

LEGEND

■ Counties where Bush gained
□ Counties where Gore gained
▨ Counties with no change

Madison +2 Gore
Jefferson 0
Wakulla +1 Bush
Dixie +1 Gore
Gilchrist +1 Bush
Marion +171 Bush
Sumter +17 Bush
Pasco 0
Hillsborough +132 Gore
Osceola +27 Gore
Indian River +120 Bush
Pinellas +38 Bush
Hardee 0
Highlands +36 Bush
Martin +17 Bush
Sarasota +26 Bush
Desoto +8 Gore
Glades 0
Palm Beach +1,081 Gore
Lee +96 Bush
Collier +286 Bush
Broward +1,475 Gore
Miami-Dade +49 Gore

Total possible votes

BUSH	12,195
GORE	13,199

SOURCE: BDO Seidman, LLP
Graphic/HIRAM HENRIQUEZ/MIAMI HERALD
© 2001 KRT

La elección fue muy pareja. Durante cinco semanas, el conteo de votos en Florida fue confuso. Gore había ganado la mayor parte de los votos en la nación. Pero no tenía los suficientes **votos electorales** para ganar. Finalmente, Bush fue declarado ganador en Florida. Esta victoria le dio un voto electoral más de los 270 que necesitaba para la victoria.

Bush estaba mirando la televisión en su casa cuando se enteró de que había ganado. En su discurso luego de la victoria Bush pidió a los republicanos y a los demócratas que trabajaran juntos. Quería unir, no dividir.

El Colegio Electoral

El presidente no es elegido directamente por los votantes. Cada estado tiene cierto número de representantes electorales según su población. El candidato que gana la mayoría de los **votos populares** en el estado obtiene todos los votos electorales. Los representantes se conocen como el Colegio electoral.

¡Es mi partido!

Un partido político es un grupo de ciudadanos que trabajan juntos para elegir candidatos que apoyen sus ideas. Para iniciar un partido político es necesario llenar un formulario de registro y obtener cierta cantidad de firmas en una **petición**.

El símbolo del partido republicano es un elefante.

El 11 de septiembre del 2001
Un día trágico

La mañana del 11 de septiembre del 2001 un avión se estrelló contra la Torre Norte del World Trade Center de Nueva York. Al principio las personas creyeron que era un accidente terrible. Luego, 17 minutos después, otro avión se estrelló contra la Torre Sur. Poco después un tercer avión chocó contra el Pentágono. El Pentágono es la sede del Departamento de Defensa de Estados Unidos. Está ubicado en las afueras de Washington, DC.

Se ordenó a todos los aviones que estaban volando sobre Estados Unidos que aterrizaran inmediatamente. Uno de ellos no obedeció. Minutos más tarde, este avión se estrelló contra un campo en Pensilvania. Todas las personas a bordo murieron. ¿Qué estaba sucediendo?

las Torres Gemelas poco después del ataque el 11 de septiembre del 2001

Bush se entera del ataque mientras está leyendo a niños de escuela en Florida.

Las torres gemelas

Hasta el 11 de septiembre, las torres gemelas del World Trade Center eran los edificios más altos de la ciudad de Nueva York. Construidas en 1973, tenían 1,365 pies (416 m) de altura. ¡Cada una de ellas tenía 110 pisos!

Islam

El islam es una de las principales religiones del mundo. Los seguidores del islam se llaman musulmanes. Al igual que el cristianismo y el judaísmo, el islamismo es una religión **monoteísta**. Esto significa que sus seguidores veneran a un solo dios.

Pocos días después, los estadounidenses se enteraron que al-Qaeda había perpetrado los ataques. Al-Qaeda era un grupo musulmán **radical** localizado en el Medio Oriente. Los **terroristas** habían tomado el control de los aviones por la fuerza. En el cuarto avión los pasajeros lucharon valientemente. Obligaron al avión a estrellarse. La mayoría de las personas piensa que este avión se dirigía a Washington, DC.

En los ataques del 11 de septiembre murieron un total de 2,996 personas. Los estadounidenses estaban asustados y confusos. Recurrieron a su presidente para obtener respuestas.

Bush firma la Ley Patriota.

El frente doméstico

La noche del 11 de septiembre el presidente Bush se dirigió a la nación. "Nuestra forma de vida, nuestra libertad, han sido atacadas", dijo. Bush dijo que era obra de los terroristas. La seguridad nacional era su principal prioridad. Formó el Departamento de Seguridad Nacional. Este grupo protege a Estados Unidos de los actos terroristas. Trabaja estrechamente con la Oficina Federal de Investigaciones (*FBI*) y la Agencia Central de Inteligencia (*CIA*).

La Ley Patriota se redactó para luchar contra el terrorismo. La misma dio más poder a los oficiales para luchar contra el terrorismo en el país. Pero a algunas personas no les gustaba esta ley. Decían que quitaba libertad a las personas. Otros decían que era necesaria en estos tiempos de guerra. Tanto los demócratas como los republicanos del Congreso apoyaron la Ley Patriota.

El 14 de septiembre Bush visitó el sitio donde solía estar el World Trade Center (o zona cero). Cuando se iba, una mujer puso una placa en su mano. Pertenecía a su hijo, George Howard. Él era un oficial de policía que había muerto en el ataque. Bush llevó la placa con él por el resto de su mandato presidencial.

Bush sostiene la placa de George Howard mientras se dirige al congreso.

Héroes estadounidenses

Entre el momento del primer choque de avión y la caída de la última torre cientos de bomberos mostraron su valentía. Aunque las torres estaban en llamas, los bomberos subieron por las escaleras para salvar a las personas. Finalmente, 343 bomberos dieron sus vidas para ayudar a las víctimas del ataque del 11 de septiembre.

El *FBI* y la *CIA*

El *FBI* es parte del Departamento de Justicia de Estados Unidos. Investiga los crímenes federales cometidos dentro de Estados Unidos. La *CIA* recolecta información acerca de las actividades de grupos que se encuentran fuera de Estados Unidos. La *CIA* con frecuencia está implicada en el espionaje.

La guerra contra el terrorismo

Poco tiempo después del 11 de septiembre los funcionarios de Estados Unidos se enteraron de que Osama bin Laden era el líder de al-Qaeda. También se enteraron de que el grupo tenía su base en Afganistán. Un grupo islámico **militante** llamado los *talibanes* gobernaba Afganistán. El 20 de septiembre del 2001 Bush exigió a los talibanes que entregaran a Bin Laden a Estados Unidos o que se prepararan para la guerra. Los talibanes se negaron. El 7 de octubre las fuerzas de Estados Unidos y una coalición, o fuerzas conjuntas, de otros países invadieron Afganistán.

Las relaciones entre Estados Unidos e Irak habían sido tensas durante muchos años. Saddam Hussein, el dictador de Irak, no permitía mucha libertad. Bush creyó que sería mejor derrocar a Hussein.

El 23 de marzo del 2002 las fuerzas de la coalición invadieron Irak. Atraparon a Hussein en diciembre del 2003. Los ciudadanos de Irak bailaban en las calles. Una corte iraquí juzgó a Hussein. Fue ejecutado el 30 de diciembre del 2006.

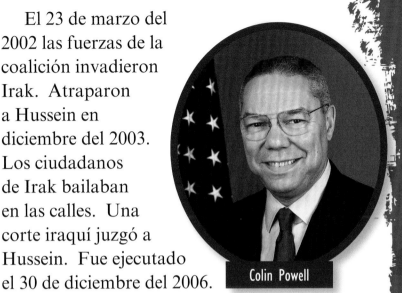

Colin Powell

Las tropas de Estados Unidos ingresan a Irak en marzo del 2003.

El general Colin Powell

Colin Powell se desempeñó como Secretario de Estado de Bush desde el 2001 hasta el 2005. Hijo de inmigrantes jamaiquinos, se elevó al rango de general de cuatro estrellas. Cuando el padre de Bush fue presidente, Powell era el presidente del Estado Mayor Conjunto de Estados Unidos. Este es el cargo militar de más alto rango en la nación.

La guerra del Golfo Pérsico

En 1990 Saddam Hussein ordenó que el ejército de Irak invadiera a Kuwait, el cual limita con Irak en el golfo Pérsico. Irak quería controlar los ricos campos petrolíferos de Kuwait. Estados Unidos y otras naciones enviaron tropas para defender a Kuwait. El padre de Bush, George H. W. Bush, era el presidente de Estados Unidos en ese momento. Esta coalición de fuerzas ganó la guerra del Golfo Pérsico en 1991.

La lucha por la salud y la educación

La guerra contra el terrorismo tomó mucho del tiempo de Bush. Pero hubo otras cuestiones que él trató. Bush se interesó por primera vez en la lucha contra el SIDA en 1990. Notó que el SIDA se estaba extendiendo rápidamente por toda África. Quería ayudar.

En el 2003 Bush inició el Plan de Emergencia del Presidente para la Lucha contra el SIDA. El plan proporcionaba asistencia médica a las víctimas del SIDA. También fundó el programa de prevención contra el SIDA en África. En el 2004 Bush expandió el programa. Incluyó el tratamiento contra la **malaria** y la **tuberculosis**. Estas son enfermedades comunes en África.

Bush visita África para el Alivio del SIDA en el 2003.

Bush explica la ley NCLB en 2006.

SIDA

El Síndrome de Inmunodeficiencia Adquirida, o SIDA, es una enfermedad que ha cobrado muchas vidas humanas. No hay cura para el SIDA. Pero los médicos han desarrollado medicamentos que ayudan a las personas a vivir vidas prolongadas con la enfermedad.

Bush también reformó (o cambió) la educación pública. La Ley *"No Child Left Behind (NCLB)"* (Que ningún niño se quede atrás) pedía más evaluaciones. La ley tenía el propósito de ayudar a los estudiantes a cumplir los estándares establecidos. No todos estaban de acuerdo con que estas evaluaciones ayudarían a los estudiantes. Pero muchos admitían que las escuelas estadounidenses necesitaban un cambio.

Otra Primera Dama de la alfabetización

Al igual que la madre de Bush, su esposa Laura se centró en la educación y la alfabetización durante el tiempo que fue primera dama. Con la ayuda de la Biblioteca del Congreso, Laura Bush inició el Festival Nacional del Libro. También escribió un libro infantil junto a su hija, Jenna, titulado *¡Lee todo al respecto!*

Laura y Jenna Bush muestran su libro

DECISION POINT

GEORGE W.
BUSH

Bush posa mientras
firma su libro.

Ciudadano privado

Cada presidente de Estados Unidos solo puede servir dos mandatos. En enero del 2009 se terminó el segundo mandato de Bush. Él y Laura hicieron planes para volver a Texas. Se establecieron en Dallas.

Bush trató de hacer lo mejor para Estados Unidos. No le preocupaban mucho las críticas que recibía por sus decisiones. Su presidencia estuvo marcada por la controversia en muchos temas. Bush escribió sus **memorias**. *Puntos de decisión* se convirtió en un *best seller*. El libro dio a Bush la oportunidad de explicar por qué había tomado algunas decisiones.

George W. Bush guio a Estados Unidos a través de muchos desafíos. El país tuvo que enfrentar el peor ataque en suelo estadounidense. Emprendió dos guerras. Las personas no siempre estuvieron de acuerdo con su política. Pero el presidente Bush siempre hizo lo que creyó mejor para su país.

El expresidente Bush habla en una ceremonia del Centro Presidencial George W. Bush.

Ayuda a Haití

El 12 de enero de 2010 un gran terremoto sacudió a Haití. Más de 300,000 personas murieron. Otras 300,000 personas fueron gravemente heridas. Y alrededor de un millón de personas perdieron sus hogares. El presidente Barack Obama pidió a los antiguos presidentes George W. Bush y Bill Clinton que lideraran los esfuerzos estadounidenses para brindar ayuda. Iniciaron un fondo para ayudar a Haití.

Bibliotecas presidenciales

Cada biblioteca presidencial sirve de **depositario** oficial de los documentos acerca de la vida y las obras de un presidente. Desde el año 2012 existen 13 bibliotecas de este tipo en Estados Unidos. El Centro Presidencial George W. Bush en la Universidad Metodista del Sur, en Dallas, rinde homenaje a la vida y carrera de George W. Bush.

Glosario

asesinado: matado a propósito, especialmente cuando se trata de un dirigente político

campañas: una serie de eventos realizados para lograr que los votantes voten por un determinado candidato para un cargo público

caridad: un fondo de dinero para brindar asistencia a los necesitados

comunismo: un sistema político que da todas las propiedades al gobierno central

depositario: un lugar para guardar documentos importantes

despertar espiritual: cuando una persona se da cuenta de la necesidad de la espiritualidad

enmienda: un cambio agregado a la Constitución de Estados Unidos

Guardia Nacional: fuerzas militares del estado a las que se llama cuando se necesita asistencia

maestría: un título que declara que se ha completado un curso superior al título común de la universidad.

malaria: una enfermedad que es propagada por un tipo de mosquito y que causa fatiga extrema

margen: la diferencia en cantidad

memorias: registros escritos de los recuerdos propios

militante: comprometido en la lucha

monoteísta: que cree en un solo dios

oponente: una persona que está en la posición contraria en un concurso o elección

petición: una solicitud escrita, con frecuencia firmada por muchas personas, que pide a las autoridades que tomen algún curso de acción particular

político: una persona que tiene o desempeña un cargo público

radical: extremo

secretario de defensa: la persona que organiza las acciones militares del presidente

terroristas: personas que causan terror en otros

tuberculosis: una enfermedad causada por una bacteria y que dificulta la respiración

votos electorales: votos emitidos por el Colegio Electoral

votos populares: votos del público en general

Índice

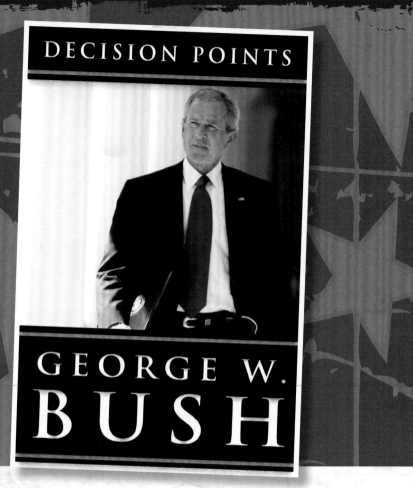

DECISION POINTS

GEORGE W. BUSH

¡Es tu turno!

George W. Bush nació en una importante familia de Texas. Se convirtió en un hombre de negocios y en un político. En el 2000 fue elegido presidente de Estados Unidos. Guio a la nación durante tiempos difíciles y se vio forzado a tomar decisiones difíciles.

Otros títulos

El título de las memorias de George W. Bush es *Puntos de decisión*. Piensa en una lista de al menos cinco otros títulos posibles para la autobiografía de Bush.